어물쩍

어물쩍

김수봉 제5시집

세종출판사

서문

이 시집은 필자의 다섯 번째 시집이다.

필자는 세상에 대하여 하고 싶은 말이 많아서 글을 쓰기 시작했고 그 결과 등단했다. 등단해서는 너무 늦게 등단했다는 조바심에서 한꺼번에 너무 많은 말을 쏟아놓다 보니 본의 아니게 질적인 측면에서 아쉬움이 남는 경우도 있었다. 등단한지 6년 만에 다섯 권의 시집과 두 권의 수필집을 출간하면서 이제는 그동안의 허기와 갈증이 어느 정도 해소가 된 듯하다.

다섯 번째 시집 '어물쩍'을 끝으로 등단 초기의 열정과 초보적 의욕과잉적인 작품 창작은 마무리를 짓고 여섯 번째 시집부터는 지금까지와는 달리 조금 천천히, 양보다는 질에 집중하면서 좀 더 정제된 표현의 시를 쓰고자 한다.

이 시집은 2021년 1월부터 6월까지 쓴 150여 편의 작품 중 필자 나름으로는 독자들에게 조금이라도 덜 부끄럽겠다고 생각되는 100편의 시를 뽑아서 실었다

구성은 5부로 나누고 대체로 월별 창작 시기의 순서대로 실었다. 각 부의 이름은 액을 방제하는 뜻으로 사용되던 금갑신장, 용, 처용, 백호, 종규의 문배도門排圖를 넣기로 한다.

독자 제현의 많은 사랑과 질정을 기대한다.

2022. 4.
작가 김 수봉 사룀

차례

제2부

용(龍)

제3부

처용

제4부

호랑이

제5부

종규

제1부

금갑신장(신도 울루)

춘삼월

안개비보다 부드러운
아침 햇살이 부끄러워
은빛 날개를 파닥이는 바다처럼
무엇인가 좋은 일이 찾아오고
이루어질 것만 같은 춘삼월

간질간질 살금살금 들뜬 마음에
감로수병을 든 선재동자가
불현듯 꽃 한 송이 전해줄 듯
종일토록 콩닥콩닥 가슴 설레고

웃음꽃 만발한 꽃 속에서 사랑 나누는
새들의 자지러지는 노래 소리
시들은 가슴에 청춘의 불을 지피고
온갖 환상 불러일으키지만

저녁이면 온종일 바장이며 애태우던
기다림도 환상도 애틋하던 기대도
저녁놀이 너무 찬란해서
오히려 섭섭하고 안타깝기만 한 춘삼월

(2021.03.25.)

오뚝이

엎어지고 자빠져도 오뚝 일어나고
넘어지고 쓰러져도
벌떡 일어서는 오뚝이

차면 차는 대로 굴러가고
내려치면 더 높이 튀어 올라서
위아래도 앞뒤도 없고
앉고 서고 눕는 것도 없는 공
언제나 똑바로 서는 오뚝이가 부럽다

눕지도 앉지도 못하고
관절의 아픔은 생각지도 않고
바로 서기만 하는 오뚝이

넘어진 대로 엎어진 대로
구르면 구르는 대로
눕고 싶으면 눕고
앉고 싶으면 앉는 것들이
오히려 부럽기만 하다

(2021.03.02.)

자체발광自體發光

자신을 태워
자체 발광하는 태양
존재마다 추앙하는
생명의 근원이다

자체발광을 못하면
반사라도 잘 해야
달이 되거나
별이 될 수도 있다

자신을 태울 줄도
반사 할 줄도 모르면서
군림하는 별이 되고자 한다면
염치없는 욕심이 아닐까

발광하며 내려다보고 싶다면
먼저 자신을 태우고
반사하는 방법부터
배우는 것이 순서 아닐까

(2021.04.14.)

봄바람

발정난 암캐가 동네 수캐를 후려내듯
봄바람이 더운 입김 불고 옆구리 간질이자
근엄하던 매화, 고상한 척 내숭떨던 목련,
수수한 개나리, 섹시한 진달래, 화려한 벚꽃
앞 다투어 치마를 펄럭이며 봄 마중 나선다

남쪽에서 시작된
봄바람 난 꽃소식 전국을 들썩이자
한겨울 바위처럼 침묵하며 엎드렸던 동물들
드디어 기지개를 켜며
암수가 서로 부르고 따르며
화합하는 쾌락의 함성
산과 들은 온통 굿판 같은 난장판이다

인간들도 가슴마다 봄바람 살랑 분다

(2021.0316)

봄

검정 투구 깊게 눌러쓴 하늘
조자룡의 헌 장 쓰듯 비를 뿌린다

엊그제 만개한 벚꽃
관운장의 청룡언월도에
조조군사 모가지 떨어지듯
하룻밤 사이에 하얀 유혈 낭자하다

비가 와야 새 생명이 움트고
꽃이 져야 새잎 나는 것이 섭리라지만
온 것 같지도 않았는데 벌써 가는 봄
안타깝고 서러운 것은 인간들뿐

꽃 사이 노니는 새들은
소리마다 찰기가 넘치고
살랑이며 떨어지는 꽃잎조차
잎마다 교태가 넘실거린다

(2021.03.28.)

봄밤

풍선껌 늘어나듯
길게 하품하는 게으른 아침
누가 봄밤이 짧다고 했던가?

오지 않는 아침잠
구를수록 눈에는 가시가 돋고
등은 고슴도치가 된다

동짓달 밤이 길고
봄밤은 짧아서 안타깝다지만
할 일도 해야 할 일도 없는 노인

계절도 밤낮도 구분 없어
인생은 짧아도 길고 지겹기만 한 나날
봄날 이른 아침 등만 배긴다

(2021.03.30.)

봄비

아가의 볼처럼 보드라운 봄비
검고 거친 대지를 적시면
꽃봉마다 기지개 켜며
색동옷 차려입겠지

이 비 그치고 나면
목련은 새색시 손길같은 비단결 치마로
만인의 가슴에 사랑을 심고
황매 개나리 진달래 벚꽃.....
산과 들에 울긋불긋 꽃그림 그리겠지

봄비가 오지 않고
봄이 붉지 않으면
어찌 봄이겠으며
꽃바람 불어 봄바람 들지 않으면
어찌 봄꽃이겠는가

머지않아 세상은
봄꽃의 함성에 눈멀고 귀멀어
빨갛게 꽃 물든 가슴
꽃바람 들고 봄바람 나겠지 (2021.03.12.)

사랑

사랑은 참고 인내하는 자기희생이다

사랑은 거지에게 동전 한 닢을 던져주는 동정이나
집집마다 대문을 두드리며 적선을 호소하는 구걸이나
물건 값을 두고 실랑이하는 상인들의 흥정이 아니다

사랑은 병아리를 구하기 위해
매의 공격에 맞서는 암탉의 마음이거나
새끼를 구하기 위해 죽을 줄 알면서도
사자에게 맞서는 어미 사슴의 가녀린 모가지다

사랑했기에 이별했다는 말은
자기기만의 거짓말이거나 변명일 뿐이다

사랑은 사채업자가 원금에 높은 이자를 붙여서
가난한 자의 돈을 뜯어내는 것이 아니라
연말마다 모든 재산을 털어 기부하고
자신의 이름을 숨기는 사람의 부끄러움이다

사랑은 이해하고 배려하고 베푸는 것이지
자신만 누리고 군림하는 것이 아니다

사랑은 추위에 떠는 사람에게 겉옷을 벗어주고
떨면서 돌아가는 사람의 어리석음이거나
교통사고를 당할 뻔한 어린이를 구한 뒤
죽어가면서도 어린이만 걱정하는 피끓는 심장이다

사랑은 자기희생의 또 다른 이름일 뿐이다

(2021.01.30.)

사랑과 이별

사랑은
아름답고 행복한 것이라 믿지만
아름다운 겉모습과는 달리
속마음까지 다 가질 수도 없고
다 먹어서도 결코 안 되는
겉과 속이 서로 다른 사과이거나 복어다

겉모양이 아무리 아름답고
과육이 아무리 맛있는 사과도
그 속에는 독이 든 씨앗이 들어 있고
앙증맞고 복스럽게 생긴 복어도
쫄깃하고 맛있는 육질만큼
내장과 알속에는 맹독이 들어있어
죽음과 입 맞추기 싫다면 속통과 알은
먹을 수도 없고 먹어서도 안 된다

이별은
하늘이 무너지고 가슴이 터질 것 같지만
세월이 지나면 먹을수록 가슴이 시원하고
입맛 당기는 풋살구나 홍어탕이다

봄철의 풋살구는 신맛이 너무 강해
첫입에는 자신도 모르게 비넹을 지르지만
시간이 지날수록 시고 새콤한 맛에
오히려 침이 돌아 자주 찾게 되고
한 삼년 쯤 푹 삭힌 홍어탕도
첫입에는 독특한 그 맛에 숟가락을 던지지만
먹을수록 저절로 막힌 코가 툭 터이고
저절로 가슴속이 시원해진다

사랑하고 이별하는 것은
달이 지고 해가 뜨듯 사계절이 순환하듯
너무 자연스러운 것이라서
오히려 새로운 내일과 계절이 기대되는
설렘과 희망적인 삶일 수도 있다

(2021.03.05.)

깨어진 사랑

하룻밤 환상을 심어준 뒤
서리바람처럼 사라진 사랑
가시에 찔린 손톱 밑처럼 아프다

어차피 떠날 사랑이라면 시작이나 말든지
가슴에 상처만 남기고 떠나간 사랑
모가지가 꺾어져 피 흘리며 떨어지는
동백꽃보다 서럽다

식은 가슴에 불을 지펴놓고
뻐꾸기처럼 날아간 사랑
늦가을 창밖에서 밤새워 우는
서러운 귀뚜라미다

사랑하지 않았다면 아픔도 없었을 것을
형장에 끓어 앉아 망나니 칼날을 기다리는
죄 없는 죄수처럼 억울하고 분하다

(2021.03.24.)

떠나지 마오

사랑한다면 떠나지 마오
이별의 아픔을 알기 위해
사랑했다 말하지 마오
사랑한다면 이별은 알 필요도 없다오

이별을 위한 사랑이란 없는 말이오
사랑하지 않아도 좋으니
이별하기 위해 사랑했다 말하지는 마오

사랑했기에 떠난다는 말도 하지 마오
떠나려거든 사랑한다 말하지나 마오
떠나는 것은 사랑이 아니라오

어떠한 변명도 핑계도 더하지 마오
사랑은 떠나기 위한 것이 아니라오
사랑한다면 떠나지 마오

(2021.03.08.)

기억

아름다운 봄꽃 무성한 여름 잎
예쁜 가을단풍의 추억도
겨울이면 흔적도 없이 사라지지만
나무는 나이테로 추억을 기록하듯

사람들도 누구나 자랑하고 싶은 과거와
지우고 싶은 과거가 있지만
사람의 마음속에 기록된 기억들은
컴퓨터에서 작성한 문서와 같아서
한 번 있었던 일은 영원히 지울 수가 없다

눈 위에 남긴 인간의 발자취는
따뜻한 햇볕을 받으면
흔적도 없이 사라지지만
기억 속에 남아 있는 삶의 자취는
사람은 사라져도 영원히 살아남는다

(2021.03.22.)

4.19의 아침

번갯불에 콩 볶듯 가는 세월 얄밉기도 하지만
때로는 너무 무심해서 오히려 고맙기도 하다

오늘은 4월 19일 민주를 위해 청춘의 피로 쓴
4.19인 줄도 모르고 아침밥만 잘 먹었다

해마다 제주도의 4.3사건도 세월호의 4.16도
민주를 향한 광주 민중이 피로 쓴 5.18도
민족 비극의 6.25 전쟁도 5.16 군사쿠데타도
12.12 정치군인들의 군사반란도 벌써 잊고
밥도 잠도 잘 먹고 잘 잔다

역사를 잊은 민족은
불행한 역사를 반복한다 하지만
부끄러운 세월은 빠른 속도만큼
그렇게 안타깝던 마음도
역사도 망각케 하는 마술사인가 보다

(2021.04.19.)

고목의 꽃

지난 여름 태풍에
허리 부러지고 베어져서
등걸만 남은 늙은 벚나무
이듬해 봄 나뭇가지도 꽃눈도 없이
고목의 밑동에서 기적처럼 피어난
몇 개의 꽃송이

아름답다기보다 안타까움과
잔인함만 느껴지게 하는 꽃
열매도 맺지 못할 거면서
왜 피었을까?

열매나 아름다움을 위해
꽃피지 않았다면
스스로 아직 죽지 않았고
살아 있다는 것을 증명하려는
의지나 자존심의 표시일까?

걸음도 제대로 걷지 못하는
늙은 영감이 젊은 여자를
늙은 할멈이 젊은 남자를 향해
곁눈질하며 웃음을 흘리는 것처럼 (2021.04.07.)

섭리攝理

사람은 풍조우순하여 풍년이 들고
함포고복하며 강구연월에 격양가 부르는
태평성대를 희망하지만
인류의 역사는
오히려 굶주림과 약탈의 약육강식이었다

정의가 승리하고
착한 사람이 상을 받고
베푸는 사람이 성공하고
다 같이 잘 살고
모든 사람이 평등하기를 희망하지만
인간의 현실은
오히려 가진 자 이긴 자만 정의가 된다

희망과 현실이 일마다 어긋나고
일상은 언제나 뒤집어져야 정상이라면
풍조우순하지 않는 날씨처럼
희망은 인간의 욕심일 뿐이고
오히려 현실이 절대자의 섭리가 아닐는지

(2021.03.14.)

권태倦怠

아침부터
은실 주렴을 드리운 듯
도둑고양이 발걸음으로
소리 없이 찾아온 봄비
눈보다 가슴이 답답하다

일없이 뒹굴거리며
꿈틀대는 자벌레처럼
온갖 생각을 굴려 봐도
눈꺼풀만 무거워질 뿐

무료함을 쫓으려고
우산 쓰고 산책로를 걸어 봐도
연못 속의 황금색 잉어가
용궁의 소식을 들려 줄 뿐

코로나 시대의 봄비는
순우분의 춘몽이나
성진*의 하룻밤 꿈이
오히려 명약이란 생각에
서둘러 들어와 등을 누인다 (2021.04.12.)

*성진 : 소설 구운몽 속의 남주인공 이름.

달

누런 황사로 화장한 달
불그레한 복사꽃처럼 붉어
잘 구운 호떡보다 맛있다

호떡은 뜨거우면 뜨거운 대로
차가우면 차가운 대로 맛있듯
달도 뜨고 지고 차고 기울어도
어느 때나 그 나름의 맛이 있다

어린 시절 호떡은
쫀득하고 달콤해서 좋지만
늙어서는 추억을 먹고
회상할 수 있어서 더 좋듯

달도 어린 시절은
꿈과 환상을 심어주어서 좋지만
늙어지면 지난 시절의 추억을
되새김질 할 수 있어서 더 좋다

(2021.04.28.)

등꽃

꽃바람이 잠잠하고
연두색 잎사귀가 무르익을 때쯤이면
등나무는 앙상한 근골 마디마다
층층이 청사초롱에 불 밝힌 듯
분봉하는 벌들이 여왕벌을 에워싸듯
연분홍 꽃송이를 포도송이처럼 드리운다

등꽃 위를 거니는 보름달이
봄바람을 희롱하고
산들산들 꽃바람이 가슴을 적시면
꽃을 보며 스텝 사이클을 타던 할멈도
꽃그늘에 앉아서 봄바람만 맞던 영감도
자신도 모르게 저절로 청춘을 착각한다

달빛에 젖은 사월의 등꽃은
월하노인조차 청실홍실을
함부로 잉앗대에 걸게 하고
누구나 청춘의 사랑을
꿈꾸게 하는 사랑의 묘약이다

(2021.04.24.)

만학도晩學徒

억새꽃 같은 백발을 휘날리며
우슬보다 굵은 손미디로 연필을 잡고
가나다라마바사 ---
삐뚤빼뚤 자기 이름과 주소를 쓰는 만학도

가난이 원수라서 학교 문 앞에도
가보지 못한 한을 풀어볼 작정인지
때도 없이 엄습하는 눈꺼풀의 무게에
자신도 모르게 항복을 하면서도
입가에 흐른 침을 닦으며 오늘도 열공이다

남들은 억척으로 일해서
자식들마다 대학을 졸업시켰으면 되었지
무엇 때문에 고생을 사서 하느냐고
자기만족의 허영이라 비난도 하지만

유치원 다니는 막내 손자가
책을 읽어달라고 부탁할 때
눈이 침침해서 글자가 안 보인다고
거짓말하는 부끄러운 마음
남들은 모른다고 항변한다 (2021.04.28.)

산다는 것

죽기 위해 태어난 존재도 없지만
죽지 않는 존재도 없고
모든 존재는 죽기를 싫어하지만
죽음을 향해 가지 않는 존재도 없다

누구도 왜 태어났는지 모르기에
왜 죽어야 하는지도 모르고
그냥 오래 살려고 애쓸 뿐
장수가 단명보다 왜 좋은지도 모른다
거북이와 하루살이처럼

어떻게 살아야 하는지도 모른다
역사에 이름을 남기는 것이 좋다지만
산 자의 생각일 뿐
죽은 자의 생각이나
왜 좋은지 그 이유도 모른다

모든 존재는 본의 아니게 태어나
죽을 때까지 장님 코끼리 만지듯
판단하고 평가하면서 나름의 기준대로
최선을 다해 그냥 살아갈 뿐이다 (2021.04.21.)

제2부

용(龍)

부산타워

용머리에 올라 앉아 사방을 내려다보며
한때는 부산을 상징하며 군림하던
자이언트 공룡 부산타워

건축술의 발전에 따라 주변을 에워싸고
밤마다 째려보는 거대 공룡들의
성난 눈초리에 겁먹고 주눅 들어서
박물관의 공용처럼 숨죽이며 납작 엎드렸다

밤이면 오색 눈을 부릅뜨고 사방을
호령하던 기개와 멋진 모습은 간 곳 없고
퇴색한 차림으로 푸르스름한 눈만 껌뻑이며
사람도 없는 용두산 공원 꼭대기에서
오늘도 밤새워 벌서듯 졸고 있다

화려했던 추억 되새김질하며
고독만 곱씹는
초라하게 늙은 영감들의 일상처럼

(2021.02.04.)

불면

붉은 열정의 하루를 살라먹은 태양이
핏빛 바다에 살포시 꼬리를 드리울 때면
생존을 위한 날선 각축을 끝낸 인간들도
아늑한 어둠에 비정의 발톱을 숨긴다

도시의 불빛이 하나 둘 눈을 감고
내일을 향한 시간이 바빠질 때면
달콤한 하품은 지친 몸을 침상으로 이끈다

잠을 재촉하는 피곤함에 팔다리를 길게 뻗고
몸통을 이리저리 굴려보지만 시간이 흐를수록
감각은 더욱 초롱초롱 귀를 쫑긋 세운다

온갖 잡다한 생각에 시달리다 못해
초침 소리를 죽이려 이불을 뒤집어씌우고
누구나 좋다하는 천하비법 다 써보지만

약발이 돌기도 전 무심한 새벽은 벌써 찾아오고
푸석한 얼굴이 곤장 맞은 듯한 몸을 일으키면
그때서야 탈진한 오감은 도리어 귀를 눕힌다

언제나 내일은 오늘 같지 않기를 기대하지만
어제도 그제도 매일이 오늘 같았음에
외려 불면의 숙면을 사랑해야 하지나 않을는지

(2021.02.01.)

나방

누에가 평생을 다 바쳐 지은 비단궁전
부수고 뛰쳐나와야 환골탈태한 나방이 되듯
문조차 폐쇄하고 재충전에 들어간 작가들
와려를 부수고 달팽이처럼 촉수를 밖으로
내밀어야 살아 있는 작품을 쓸 수 있다.

고치 안이 아무리 아늑하고
어머니 자궁처럼 편안하다 해도
그곳에 안주하면 번데기가 되고 말듯
와려에 만족하고 자신의 껍질을
부수지 못한다면 결국 자기 안에서
질식하고 마는 죽은 작가가 될 뿐이다

자신의 독단과 편견에 빠져
아직도 문풍지를 발라가며
폐관수련만 하고 있다면
지금 당장 문을 박차고 밖으로 뛰쳐나와야
눈서리를 몸으로 맞서 이겨내는 야생화처럼
애벌레나 번데기가 아닌 진정 새롭게
재탄생하는 나방이 될 수 있지 않을까

(2021.02.07.)

아름다운 사랑

달리는 자동차는 속도와 거리가 중요하고
부르는 노래는 곡조와 장단이 중요하듯
사랑도 속도와 장단이 필요하다

첫사랑은 속도가 너무 빠르고 열정적이며
브레이크 없는 장단이 일방적이어서
부딪쳐 깨어지긴 쉬워도
아름답게 이루어지기는 어렵다

끝 사랑은 속도가 너무 느리고
핫바지 방귀 새듯
장단도 서로 다르고 시들시들해서
있는지 없는지도 모르게 사라지기 쉽다

서로가 상대를 위해 상대방의
속도와 장단에 자신을 맞추며
떨어질 때까지 기다려야 하는 홍씨처럼
기다릴 줄 알아야 사랑도 아름답다

(2021.02.21.)

돌팔이

당신은 약 준 뒤에
병을 주는 돌팔이 의사다

사랑 뒤엔 이별을
행복과 즐거움 뒤엔
좌절과 슬픔을 주었다

사랑을 몰랐을 때는
이별도 몰랐다
사랑의 기쁨을 주지 않았다면
이별의 슬픔도 없었을 것이다

차라리 슬픔을 먼저 준 뒤에
기쁨을 주었다면
지금도 행복할 것이다

당신은 약 준 뒤에
병을 주는 돌팔이 의사다

(2021.02.17.)

내 사랑

달기, 포사 같은 경국지색이 아니라도
사나이 가슴에 불을 지피고
봄을 불러오고 꽃을 피워서
손끝만 닿아도 전율이 일어나고
품에 안으면 죽어도 좋을 것 같은 너

하루만 못 봐도 아른아른 환상이 생기고
손에 잡힐 듯 가까운 듯하지만
손을 뻗으면 금방 연기처럼 사라지고
밤마다 무거운 눈꺼풀도 가볍게 들썩이며
평생 없던 불면의 밤도 선물하는 너

며칠을 못 보면 혓바늘이 돋고
온 몸이 저리고 아파서
숨쉬기조차 어렵고 고통스럽다는
코로나19보다 무섭고 사나운 너

너무 사랑해서 오히려 밉고
너무 미워서 더 사랑스러운
내 사랑
나의 시 쓰기여!

(2021.02.06.)

이별

잊는다고 잊히고 끊는다고 끊어지면
그것이 어찌 사랑이겠나
잊고 끊어도 생각나고
슬프고 괴롭고 애달파야 사랑이지

어둠과 밝음이 상대적이듯
이별과 밀당이 없다면
사랑이 어찌 애절하고 안타깝겠나

만남의 환희와 이별의 슬픔이 있어야
사랑이 애틋하게 아름답고
만나고 이별하는 밀당이 있어야
사랑이 짜릿하고 재미있지 않겠나

이별이 만남과 사랑을 위한 포석이고
사랑하기 때문에 헤어진다 변명해도
사랑과 이별이 인연과 운명이라 위로해도
사랑은 할수록 행복하고 아름답지만
이별은 언제나 슬프고 아플 뿐인 것을

(2021.02.14.)

이별 연가

가는 사람 잡지 말고
오는 사람 막지 마라
인연이 다하면 붙잡아도 가고
남았으면 막아도 온다

눈이 반달같이 예뻐서 사랑하고
발뒤축이 계란 같아서 헤어지지 않듯
사랑할 때는 어디 무엇이
특별히 예쁘고 좋지 않아도
모든 것이 사랑스럽고
싫어질 땐 어떤 어느 것이
특별히 밉고 나쁘지 않아도
괜스레 다 밉다

사랑할 땐 눈뜬장님 같고
미워질 땐 원수 같아서
원인도 이유도 없고
권할 수도 말릴 수도 없다

사랑이 운명이고 호연이라면
이별도 운명이고 악연이니
어느 것 하나 팔자 밖의 일이겠는가
그냥 다 그르려니 하며 체념할 수밖에 (2021.02.10.)

이별의 예의

사단四端을 모른다 해도
사람이 사람답게 살고
사람다운 대접을 받고자 한다면
모름지기 예의를 알아야한다

장사꾼에게도 그들만의 예의가 있고
깡패들도 그들만의 의리가 있는데
사랑에만 어찌 의리와 예의가 없겠는가

좋다고 함부로 목덜미를 휘어잡고
싫다고 이유도 없이 걷어찬다면
개도 주인의 발등을 물듯
슬프고 분해서 원망하지 않겠는가?

눈에 콩깍지가 씌어 사랑할 때는
예의와 질서를 무시할 수 있지만
헤어질 때는 질서와 예의가 있어야
사랑이 아름답지 않겠는가

(2021.02.15.)

마음 접기

마음은 형체도 무게도 없지만 종이처럼
함부로 접고 펼 수 있는 것도 아니다
순정을 가진 장부의 마음이라면 오죽할까

접었다 펴는 종이에도 자국이 남듯
아무리 경박한 사람도 접힌 마음에는
상처와 흔적이 남게 된다

지조 있는 선비의 마음은
조선조의 절의파나 사육신처럼
접기도 어렵지만
한 번 접은 마음은 목숨으로도 펼 수 없다

마음은 접었다 폈다 하는 종이가 아니다
마음을 가지고 장난치지 마라
한 번 접으면 펴기도 어렵지만
편다 해도 상처가 남기 마련이다

(2021.02.20.)

마음의 상처

삶은
상처를 주고 상처를 받으며
상처와 더불어 살 수밖에 없다

상처가 났으면 딱지가 앉고
딱지가 떨어져 새살이 돋을 때까지
기다려야 하는 것도 상처의 본질이다

상처가 아물기도 전에
만회를 위해 안달을 하는 것은
상처를 덧나게 하거나 키울 수 있다

상처를 상처로 받아들이지 않는다면
상처는 또 다른 상처를 불러오거나
상처의 아픈 흔적만 키울 뿐이다

겉으로 드러난 상처는
시간과 의약으로 치료할 수 있지만
마음의 상처는 흔적이 없어도
세월이 약일 뿐 백약이 무효다

(2021.02.16.)

밀당

굶주린 똥개가 부엌문을 자주 기웃거리면
유월이의 부지깽이에 얻어맞기만 하고
몰래한 짝사랑을 홧김에 발설했다가는
뺨만 얻어맞고 사랑이 변해 원한이 된다

연날리기도 너무 당기면 금방 줄이 끊어지고
너무 늦추면 버틸 곳이 없어 그냥 추락하듯
사랑도 너무 간절하고 절절하면
오히려 금방 싫증을 느끼게 되고
너무 소원하면 싫어졌는가 의심하게 된다

사랑은 어떤 때는 당기기도 하고
가끔씩은 늦추기도 하면서
적당하게 밀고 당겨야
항상 팽팽하게 긴장되는
고무줄놀이처럼 재미있고
아름답지 않겠는가

(2021.02.21)

낚시

낚싯대 함부로 드리우지 마라
재미로 드리운 낚싯대
물고기에겐 목숨이 달렸다

미끼가 꽃다울수록 큰 고기 문다지만
고기가 클수록 원한도 커지고
즐거움이 클수록 눈서리도 짙어진다

즐거움을 위해 던진 낚싯대
누구에겐 순간의 쾌락일지 몰라도
남에겐 평생을 좌우할 고통일 수도 있다

낚싯대 함부로 드리우지 마라
재미로 드리운 낚싯대
누구에겐 평생이 달렸다

(2021.02.19.)

삶의 속도

목적지에 빨리 가려면 달리고
멀리 가려면 천천히 걸어라 했나

자동차도 과속방지턱이 많은 길은
속도가 빠를수록 덜컹거리고 위험하듯
사랑도 열정이 들끓어 급할 때는
빨리 다가갈수록 부딪혀 깨지기 쉽다

안다고 다 할 수 있고
몰라서 못하는 것도 아니듯

약육강식의 정글 같은 인간의 삶도
멀리 가고 오래 가려면
성급하게 서두르기보다
급할수록 천천히 돌아가는 것만이
현명한 비법이 아닐는지

(2021.02.26.)

실연失戀

때도 없이 가슴이 아리고 먹먹하다
입맛이 없으니 기운도 없고
모든 것이 다 시들하다
어디 아픈 것 같기도 하고
까닭 없이 밤잠도 설친다

상대는 잊었다며 잊어 달라기에
마음을 접고 그리하겠다 말했고
언짢아서 생각도 않으려 했는데
옹이처럼 아프고 자꾸 생각난다

낡은 가슴에 불을 지펴놓고
이유도 말하지 않고 끼얹은 찬물
새봄인가 하여 망울 터뜨린 봄꽃
꽃샘추위에 생의 봄을 땅에 묻었다

세상 풍파에 굳은살이 박힌 나이에
이 정도는 상처도 아니다 여기며
잊을 수 있고 잊었다 생각했는데
시도 때도 없이 불현듯 생각나고
괜히 슬퍼지는 것은 무슨 까닭일까

(2021.02.08.)

체념

이긴 자만
살아남고 정의가 되는 세상
승부는 삶의 의미이고
존재 가치의 척도다

승부는 상대의 힘과 능력에 따라
아무리 노력해도 항상 질 수도 있어서
패자는 못난이가 되고 낙오자가 되어
사는 것이 괴롭고 슬프게도 된다

하지만 모든 승부가 팔자소관이고
부질없다는 것을 깨닫기만 하면
밤하늘이 검어도 별이 빛나고
저절로 헛웃음이 나오게도 된다

체념은 행복의 길라잡이
어떤 아픔도 슬픔도 치료하고
삶도 이기게 하는 만병통치약이다

(2021.02.22.)

껍데기

포장이 화려하다고
내용물까지 대단하지는 않지만
내용물이 아무리 훌륭해도
포장이 신통치 않으면
본질을 제대로 평가받지 못한다

사람이든
맛있는 과일이든
때깔이 볼품없으면
평가에서 밀려나지만
껍질만 좋다고
후한 대접을 받는 것은 더욱 아니다

단물 빨린 껍데기의 부모가
마침내 중천의 요양원에 버려지듯
내용물 빼먹은 깡통이나 껍데기들
내용물에 관계없이 처참하게 구겨진다

(2021.02.11.)

일탈逸脫

사람은 누구나 꿈과 이상을 추구하지만
세월이 늙어 가면
결국, 현실과 환상만 쫓아가게 된다

일상에 지치고 힘들면
비록 후회하고 후회할 줄 알지만
누구나 한 번 쯤 일탈을 꿈꾸게 된다

마침내 일탈을 위한 환상의 궁전을 찾아보지만
그곳에도 환상은 없고 돈의 위력과 책임이란
현실만 존재함을 금방 깨닫게 된다

꿈과 이상은 추구하는 것일 뿐이고
환상도 자신이 만들어낸 도깨비일 뿐
현실에는 없는 것임을 깨닫게 될 때면
후회해도 이미 때가 늦다

일탈도 현실을 위해
현실에서 꿈꾸는 것일 뿐
누구나 실행하기도 어렵지만
실행해서도 안 되는 그런 것이 아닐는지

(2021.02.07.)

설

설의 어원이 서럽다라는
학설에 긴가민가했었는데
코로나19가 그 이유를 알려주어서
오히려 서러운 설 명절

진정으로 부모와 조상을 위한다면
귀성을 포기하라는 방역당국의 홍보에
귀성을 말리는 부모 형제들

이미 조상이 된 부모의 차례를 위한
귀성을 힘들어 하고 핑계를 찾던 자손들

안타깝지만 부모 형제를 위한 일이라니
귀성을 포기할 수밖에 없다며
근거리에 사는 자식들과 어울려
설 명절을 지내다가 깨달은 진실

머지않아 조상이 될 자신과
귀성을 귀찮아할 자식들 생각에
갑자기 가슴속이 아리고 서러운 것은
후손이 느끼는 풍수지탄이
운명적이기 때문만은 아니라는 것을
알아버렸기 때문은 아닐는지 (2021.02.13.)

적당한 거리

멀리하면 원망하고
가까이하면 예의가 없어
멀어도 탈 가까워도 탈인
인간 사이의 거리

내가 좋으면 가까울수록 좋고
내가 싫으면 멀수록 좋지만
마음이 서로 통하면 천리가 지척이고
마음이 멀어지면 지척이 천리라서
멀고 가까운 것도 자신의 마음일 뿐
물리적 거리는 아니다

관계가 좋으면 멀어도 가깝고
나쁘면 가까워도 멀어서
마음의 거리도 관계의 문제일 뿐
적당한 거리는 정해질 수 없는 것

(2021.02.02.)

제3부

처용

새해 아침

어제는 선달그믐
오늘은 정월 초하루
인간은 스스로 만든 분절적 시간 속에
마디마다 의미를 부여하지만
어제의 태양과 오늘의 태양이 동일하듯
어제의 삶과 오늘의 삶이 너무 똑같아
새롭거나 달라질 것은 아무 것도 없다

때가 되면 저절로 쌓이는 나이처럼
지나고 보면 항상 그 자리기에 서있어
변함도 없고 새로울 것도 없어
오히려 새로움을 꿈꿀 수밖에 없는 새해

현재의 삶을 위해 천당과 지옥을
설정할 수밖에 없었던 조상들처럼
특별히 새롭게 기대할 것도 없지만
매일이 특별하기를 바라는 마음으로
새해아침 새로운 소망과 희망을 품어본다

(2021.01.01)

흰 눈썹

선달그믐
밤에 잠을 자면
눈썹이 센다고 했다

칠십이 넘도록 한 번도 밤을 새워
무엇인가 추구해 본 적이 없어서인지
젊은 시절부터 머리털은 물론
눈썹마저 하얗게 세어버렸다

산신령이나 도사들은 털이 하얘서
오히려 신성하고 신령해 보이는데
무능한 사람은 털만 하얘서
오히려 부끄럽다

늙으면 초저녁잠도 많아지고
쓸데없는 꿈만 어지러운 저녁
차라리 어둠과 밤새워 씨름하면
머리털이라도 검어질 텐데

이미 어둠과 씨름할 기력도 없으니
아마도 마량의 백미 되기는 난망이 될 듯
차라리 분수에 만족할 수밖에 (2021.01.01.)

낙화落花

아름다움의 상징인 꽃
송류와 크기 모양과 향기
사람에 따라
꽃을 보는
눈도 평가도 서로 다르다

호불호와 평가는 서로 달라도
아름답지 않은 꽃이 없지만
꽃 중의 꽃은
열매 맺고 떨어지는
낙화가 으뜸이다

임산부가 입덧으로
얼굴에 기미가 끼고
퍼석하게 변색해도
어떤 처녀보다 아름다운 것처럼

(2021.01.22.)

감동感動

충격적인 경험은 트라우마를 남기지만
감동의 경험은 아름다운 여운을 남긴다

국가와 민족을 위해 목숨을 던진
순국열사가 아니라도

선생님의 한 마디 칭찬은
제자를 감동시켜 성공하게 만드는
평생의 격려가 되기도 하고
자신을 알아주는 주군의 믿음은
평생 의리를 지키며 목숨을 바치는
신념이 되기도 하고
기생은 동등한 인간으로
손 한번 잡아준 남자를 잊지 못해
평생 수절하기도 하듯

문학작품도 감동을 주기만 한다면
어떤 도덕교과서나 성인의 말씀보다
개인의 인생을 바꾸고 사회를 바꾸고
시대를 바꾸고 세상을 바꾸기도 한다

감동은 시대를 넘어 사람의 가슴속에
아름다운 향기와 여운을 남긴다 (2021.01.25.)

자동문

투명한 모습으로 단정하게 막아서지만
사람보다 먼저 열리고 나중에 닫히며
오는 사람 막지 않고 가는 사람 잡지 않아
나들기 편리한 자동문

가끔은 나쁜놈 도둑놈
막거나 잡고 싶지만
상사에게 대들거나 잘못을 지적했다가
왕따 당하거나 쫓겨나는 직원들처럼
철거되거나 고장 처리반에 맡겨질까 봐
못 본 척 구경만하는 자동문

나드는 사람들에게는 언제나 자동이지만
일과가 끝난 후에도
자신에게만은 자동이지 못한 자동문
오늘도 뜬눈으로 지친 하루를 접는다

(2021.01.27.)

독거노인

눈에서 멀어지면 마음에서도 멀어지듯
해 넘는 사회적 거리두기
모든 관계 단절하니
사고와 감정까지 마비된다

온종일 빈둥거리며 말 한마디
할 곳 없는 독거생활
생각을 멈추니 고통도 고독도 벗어나고
희로애락의 감정도 무디어진다

사소한 일상에 얽매이지 않는 것이 달관이고
마음이 조용하고 생각을 쉬는 것이 선정이라면
모든 것을 포기한 이 땅의 독거노인들
이미 세상을 초탈한 달관자이고
마음이 고요하여 선정에 들어간 초월자다

(2021.01.13.)

적반하장

인간은 만물의 영장이고
그 중에서도 힘센 자가 성의고 진리라시
제노포비아 금지법이 선포 되든 말든
굴러들어온 돌이 박힌 돌을 뽑는 현실

아메리카 인디언은 보호구역에
갇혀 있어야만 살아남을 수 있고
인간 이전에 자연의 주인이던 생물들도
인간의 필요에 의해서만 생존이 허용된다

굶주림 끝에 민가 근처 야산으로 내려왔다가
얼떨결에 혼자 남겨진 새끼멧돼지
사람이 겁나서 함부로 달아나면
위험하니 몰아내거나 죽여야 한다고
사람마다 소리치며 죽이려한다

자연이 원래 그들의 소유였고 주인이었는데
새끼멧돼지가 무슨 죽을죄를 지었을까
코로나19에는 쪽도 못쓰면서

(2021.01.06)

천마산 전망대

매일 밥만 먹고 잠만 자는
한파 경보와 코로나19의 전성시대
오늘이 어제 그제 같은 날
답답하고 울적한 마음 떨치러
천마의 꿈을 안고 천마산에 오른다

마스크 속에서 헉헉대던 입김이 볼을 적시고
눈썹에 성애가 맺히도록 지치고 힘들 때쯤
전망대에 발을 올려놓는 순간
일망무제로 펼쳐진 송도 앞바다
마음은 불현듯 천국의 문을 열게 된다

귓불이 시리고 손끝이 아린 것도 잊고
통쾌한 기분으로 탄성을 지르며
엔도르핀을 생성하는 것도 잠시
먼 바다로 향하던 눈길을 북항으로
돌리는 순간 그만 탄식을 연발하게 된다

눈앞의 욕심과 탐욕으로 메워지는 바다
해안선을 가로막는 무분별한 고층건물
철썩이는 바다의 신음소리가 들리는 것 같아
조금 전의 통쾌함은 산 위에 내려놓고
천마의 꿈을 접으며 그만 발길을 돌린다 (2021.01.09.)

비밀

지키기도 지켜지기도 힘들지만
남에게 알려져서는 안 되는 비밀

안팎이 투명하여 감춤이 없는 삶을
당당한 삶이라 하지만
남과 공유하면 이미 비밀이 아니고
특별한 관계를 맺지도 못하는 비밀

비밀이 있는 삶은 힘들고 긴장되지만
특별한 자와만 공유해야
신비감과 호기심을 만들 수도 있고
삶의 활력과 생기도 줄 수 있다

누군가와 둘만이 아니 혼자만이
간직하고 지켜야 할 짝사랑 같은
그런 비밀 하나쯤 있다는 것도
오히려 가슴 뛰는 삶이 아닐까?

(2021.01.22.)

유산

유산이란
선대가 물려준 물질적 재산이나 문화다
이들 중 물질적인 것은
누구나 많이 받아서 행복하기를 기대하지만
상속자나 선대의 뜻과는 달리
많을수록 로또복권 당첨자처럼
더 큰 우환과 불행을 남기는 경우가 많다

배고픔을 경험한 선대는
자식이 배곯지 않도록
어떻게든 많은 유산을 남겨주려 하지만
배부르게 자란 후손들은 힘들이지 않고
자기만 더 많이 가지려 싸우다가
유산 때문에 오히려 선대보다
더 배고픈 상황을 겪게도 된다

진정한 유산은 선대가 남긴
물질적 재산이 아니라
배고픔을 극복한 선대의 정신과
함께 나누었던 형제간의 우애와
후손에 남겨주려고 애쓰는
선대의 마음과 문화가 아닐까 (2021.01.16.)

남 말하기

상대를 추어주는 한마디 말
천 냥 빚도 갚는다는데
무심코 내뱉은 남 말 한마디
혀 밑의 도끼 되어
자기 발등 찍는다

'너 혼자만 알고 있어라' 한 말
낮말은 해가 듣고 밤 말은 별이 들어
하늘이 알고 땅이 알고
굴러다닐수록 커지니
복은 입으로 나가고
화는 입으로 들어온다

남의 말 할 땐 고소해도
되받을 땐 무참無慚하니
침묵은 금이요
남 말은 서로를 찌르는 양날의 비수다

(2021.01.24.)

그리움

보고 싶어 애가타면 섭섭하지만
섭섭해서 오히려 행복한 그리움

사랑은 달빛처럼 그윽하고
그리움은 강물처럼 도도해도
한 번 떠난 님의 소식
강산이 몇 번이나 변했던가

안타까운 가슴은 재가 되고
흐르는 눈물은 강물을 보태도
그리워서 안타깝고
안타까워서 행복한 님

파도가 갯바위를 끝없이 사랑하듯
님을 향한 내 마음
영원한 파도이어라

(2021.01.27.)

기다림

끓어야 할 냄비가
빨리 끓지 않으면 조바심 나지민
미리 뚜껑을 열어서는 안 된다

때 이른 봄 날씨에
서둘러서 핀 진달래 복수초
호령하는 꽃샘추위에
금방 후회해도 이미 늦은 때

바늘허리 못 매 쓰니
바쁠수록 돌아가라 했다

오겠다 했고 와야 하는데
오지 않아 애타는 기다림
섭섭해서
오히려 행복하다

(2021.01.26.)

쓰레기통

통은 요술방망이다
약을 담으면 약통
보석을 담으면 보석함이 되듯
쓰레기통도 단순한 통이 아니다

아무리 잘나고 값비싸도
버려지면 쓰레기가 되지만
쓰레기통은 주변을 정화하고
아름답게 하는 마술통이다

쓰레기통은 아무리 못나도
버려진 쓰레기를 담았을 뿐
담겨진 것보다는 잘 났다

쓰레기통 함부로 발로 차지 마라
쏟아진 쓰레기 속에 서있으면
너도 이미 쓰레기다

(2021.02.25.)

불륜

금지된 사랑이 더 짜릿하고
비밀스런 사랑이 더 애틋하듯
불륜은 어떤 사랑보다 애절하고 환상적이다

사랑이 식어
매일이 어제 같은 권태로운 삶이라면
누구나 한 번 쯤 꿈꾸게 되는 일탈
금지된 불륜을 동경하지 않는 사람도 드물다

쾌락 뒤에 남을 책임과 부끄러움이 두려워
마음속에서만 꿈틀대고 상상할 뿐
누구도 함부로 실행하지는 못하지만

불륜은 두려워서 더 애틋하고
죄책감이 클수록 절절해서
독이 든 성배처럼 갈등하면서도 더 끌리고
물불 못 가리는 불나방의 사랑인 것을

(2021.01.28.)

행복의 비결

누구나 자신의 분수를 알고
욕심을 비우면 행복해진다지만
아무도 자신을 알거나
분수를 알고 욕심 비운 사람은 없다
소크라테스도 너 자신을 알라고 말해서
성인이 되었지만 독배를 마셔야만 했다

욕심은 분수에 넘치게 무엇을 탐내거나
누리고자 하는 마음이지만
누구도 자신의 분수를 모르기에
어디까지가 욕심인지 알 수가 없고
욕심을 모르니 비울 수도 없어서
인간의 불행은 운명적이라 할 수 있다

비울 수 없는 것이 욕심이라면
억지로 비우려 애쓰기보다 차라리
현실에 최선을 다하고 즐기는 것이
오히려 행복의 역설적 비결은 아닐까

(2021.01.05.)

외도

낚시꾼은 잡은 물고기에게
더 이상의 미끼를 주지 않고
아무리 큰 물고기를 잡아도
또 다른 고기를 잡으러 미끼를 뿌린다

남녀도 사랑의 열정이 들끓고
눈에 콩깍지가 씌었을 때는
서로만 마주보고 정면만 바라보지만
열정이 식고 권태로운 세월이 쌓이면
저절로 옆으로 눈을 돌리는
도다리나 광어가 되듯

잡아놓은 물고기보다 품질이 떨어지고
그곳이 불지옥의 무덤일 뿐이라 해도
불을 탐하는 불나비처럼
새로운 물고기를 향한
곁눈질은 멈추기 어렵다

마침내 잡아놓은 물고기마저 놓치고
그 끝은 만신창이의 상처뿐일지라도
기회만 되면 또 눈을 돌리게 하는
외도의 무모한 유혹이여! (2021.01.29.)

나는 누구인가?

등산복 차림으로 집을 나서니
마을 앞 시냇가 아주 큰 나무에
난생 처음 보는 화려한 꽃들이 피어서
눈부시고 그 속에는 이름도 알 수 없는
수많은 새들이 노래하고 있었다

너무 아름다워서 감탄 하는 사이에
어느 고층 빌딩 속의 라운지를 지나다가
정장 차림의 많은 사람들과 반갑게 인사를
나눈 뒤 집에 가려고 계단을 올라가는데
층마다 복도식의 방에 번호가 붙어있었지만
도무지 집을 찾을 수가 없었다

당황해서 안절부절 하는데
경찰이 나타나 집이 어디냐고 물었다
모르겠다고 하자
당신이 누구냐고 또 물었다
아무리 생각해도 내 이름 외에 내가 누군지
도무지 알 수가 없었다
주머니를 다 뒤져봐도
증명할 수 있는 그 무엇도 없었다

경찰과 승강이를 하며
나는 치매가 아니라고 크게 소리치다가
눈을 떠보니 한바탕 꿈이었다

잠에서 깨어 생각해봐도
내가 누구인지 아직도 궁금하다
과연 나는 누구일까?
지금까지 불려온 이름이 나일까?

(2021.01.17.)

변명

태어나고 싶어 태어난 사람 없고
행복하기 싫어 불행한 사람도 없다

삶은 짧고 죽음은 영원하듯
사랑은 짧고 이별은 길고
행복은 찰나이고 슬픔은 끝이 없다

아무리 노력해도
안 되는 것은 안 된다

최선을 다했다면
원망도 후회도 하지 마라

모든 것은 운명과 팔자일 뿐
네 탓이 아니다

(2021.02.07.)

1월 말

세월 가는 줄은 몰라도
해와 달은 어김없이 뜨고 지고
엇그제 일출을 보며 한해 소망을 빌고
새해의 새 출발을 기대했는데
벌써 월말

해마다 연말이나 새해 첫날은
특별히 기대할 것은 없어도
매일이 어제보다
나아지기를 기대하는 마음으로
나름의 새로운 소망을 품는 날

올해도 1월이 끝나는 날
뒤돌아보면 그날이 그날 같아
계획하고 소망한 것이 오히려 부끄럽지만
늙었다고 삶을 포기할 수 없듯
날과 달에 대한 기대도 저버릴 수 없어
매달과 매일의 똑같은 계획을 또 세우고
소망도 품어본다

(2021.01.31.)

제4부

호랑이

개밥의 도토리

여기 있으면 저기로
저기 있으면 기기로
어디에 있어도 다른 곳으로
치워지는 개밥의 도토리
붙박이로 집만 지키는 할아버지처럼
언제나 왕따

할 일도 오갈 곳도 없는 할아버지
명절이나 특별한 날이 되면
자식들과 손자녀들이 찾아오지만
잠시의 형식적인 행사가 끝난 뒤
할아버지의 주머니가 열리면 그뿐

어버이날도 체면상 치러야 하는
자식들의 힘들고 번거로운 행사일 뿐
군말 없이 자식들의 뜻에 따라
비싼 점심 한 끼와 봉투 하나면 끝

언제나 꾸어다 놓은 보리자루가 되어야
잘하는 역할인 할아버지
특별한 날일수록
더욱 고독하고 외로운 할아버지
어린이날인 오늘도 개밥의 도토리 (2021.05.05.)

가장家長

가장은 개인 누구누구가 아니라
누구의 아버지거나 할아버지일 뿐
가족을 지키고 기르는
방패이자 갑옷이고 바람막이며
언제나 시종 같은 존재다

청춘 시절은 온 몸에 날개를 달고
꿈과 희망을 좇아 무한 질주하며
고난과 시련과 절망조차도
오히려 도전과 극복의 계기가 되었다

가장이 되고 혹이 붙은 뒤에는
날개를 접고 하고 싶은 말은 삼키며
도전과 꿈보다는 무사함만 선택하다가
마침내 어깨는 처지고 단물은 다 빠진다

살얼음판을 걸으며 망설이는 사이
청춘은 가고 날개는 꺾어져서
아빠처럼 살기 싫다는 자식들의 비난에
오히려 내일의 희망을 걸어볼 뿐

가장은
어린 손자녀의 애교와 웃음 하나로
언제나 고독과 고통을 운명처럼 즐기고
넘어서는 시종 같은 존재일 뿐이다

(2021.05.14.)

경연競演의 허실

경연은 실력을 겨루는 승부지만
현실에서는 능력보다 승리한 자가
뛰어난 실력자가 된다

승리를 위해서는
자신의 장점을 최대한 부각시키고
단점은 가려서 경연에 임해야 한다

경연의 중간 단계를 넘어선 도전자들
그 다음 단계에서 갑자기 자신의 단점을
넘어서려다 실패하는 경우를 자주 본다

단점 극복은 경연이 끝난 뒤에도
얼마든지 시도할 수 있지만
경연에서 실패하면 더 이상의
극복 기회를 갖기 어렵다

알면서도 도전하고 욕심 부리는 것은
자신의 분수를 모르고 작은 성공에 도취한
오만함의 결과는 아닐는지

(2021.05.23.)

사랑의 가치

많이 가질수록 좋고
귀신도 감동한다는 돈
유전무죄 무전유죄하기에
사람마다 숭배하고 추종하지만
목숨과 바꾸거나 연장할 수는 없다

목숨도 누구에게나 하나밖에 없고
다른 무엇과도 바꿀 수 없다지만
국가와 민족을 향한 의리와 사랑
부모와 자식 간의 사랑
남녀가 서로를 향한 사랑을 위해서는
초개처럼 던지고 바치기도 한다

가치는 기준과 사람에 따라
서로 다르거나 차이날 수도 있지만
사랑은 그 자체로서 절대적인
가치거나 목적일 뿐
무엇을 위해 바치거나 대신하는
교환의 수단이 아니다

사랑은 돈과 권력과 명예와 목숨을
넘어선 최종의 가치가 아닐까 (2021.05.28.)

바뀐 생각

아침보다 낮이 더 어두운 어느 날
노인일자리에서 특별히 제공했다는
초등학교 환경정비와 미화를 마치고
비 맞으며 귀가 중에 떠오른 생각

내 나이 칠십이 될 때까지 나보다는
남의 시선이나 평을 위해 살아왔지만
평가는 여전히 올려다만 보는 그 자리
앞으로 더 기다린들 무슨 대수일까?

지금부터라도 다른 누구보다 나를 위해
나를 중심으로 사는 것이 더 필요할 뿐
남의 평이나 명예는 깃털처럼 가볍고
가슴에 매단 장식보다 사소하다는 것을
새삼 깨닫는다

집에 와서는 잘난 남을 위해 모셔두었던
값비싼 양주 한 병을 들고 나와
아내에게 큰소리로 고기 좀 구워먹자 했지만
아내는 평소와 다른 호기에 시큰둥하며
김치부침이나 붙여먹자고 한다

나는 김치부침을 고기 안주 삼아
거만스레 양주를 몇 잔 마셨다
물론 양주가 내 분수에 맞지 않아서인지
막걸리보다 크게 맛이 좋지는 않았지만
그래도 기분은 여느 때의 날씨보다 맑았다

(2021.05.04.)

부처님 오신 날

대웅보전 안에는
잘 차려 입은 남녀신도들과
비단 가사 장삼을 멋지게 걸친
승려들은 가득했지만
돌이나 쇠로 만든 부처상 외에
중생을 제도하고 구제할 불제자나
부처님은 보이지 않았다

욕불 의식에도 연등 행사에도
시줏돈에만 관심이 가는 욕심과
더 많은 복을 받겠다는 욕심이
들끓고 충돌할 뿐
마음을 씻고 마음의 불을 밝혀
세속적 번뇌를 벗어나라는
부처님 말씀도 보이지 않았다

부처님 오신 날
주고받는 말 속에서만
성불과 부처님이 계실 뿐
욕심을 버리고 마음을 비워서
자기 구원을 얻으라던

부처님과 말씀은
절간 어디에도 보이지 않았다
아마도 내 눈에 백태가 끼였나보다

(2021.05.19.)

비요일

며칠 째 유리창에 추억만 그리는
오월답지 않은 우울한 장마
해무에 갇힌 시야처럼
마음도 갑갑하고 텁텁하다

이틀 정도면 끝난다던 일기예보
오일 째나 계속되는 장마
일기예보보다 할머니 할아버지의
팔다리 신경통 같은 신체예보가
더 정확하다는 요즘의 궂은 날씨

울적한 마음 떨치려
우산 쓰고 길을 나서 봐도
보이는 것은 짙은 해무와 빗줄기뿐
우산에 떨어지는 빗소리조차
아름다운 추억의 소환보다는
우울한 마음을 돋울 뿐이다

풀잎에 매달린 투명한 물방울처럼
밝고 아름다운 생각 가지려 애써도
비에 젖은 도회지의 회색 거리는

오히려 안쓰럽고 쓸쓸하기만 할뿐
컴컴하게 심술 난 하늘처럼
축축하고 꿉꿉할 뿐이다

(2021.05.18.)

뻐꾸기 울음소리

새는 울음소리로 이름이 정해지고
소리는 듣는 사람에 따라
다르게 들릴 수 있는 것이라면
소리는 귀로만 듣는 것이 아니라
마음으로도 듣는 것이라 할 때
오뉴월에 소쩍소쩍 운다는 소쩍새를
훌쩍훌쩍 우는 훌쩍새라 부르면 잘못일까

보릿고개가 한창인 오뉴월
밤새워 훌쩍훌쩍 우는 새의 울음소리는
남의 둥지에 알을 낳고 새끼가 걱정되어
밤낮으로 주변을 맴돌며 안달하던 뻐꾹새가
동네마다 보릿고개를 넘다가 굶어 죽은
자식이 서러워서 훌쩍훌쩍 우는 인간과
동병상련의 정을 이기지 못해
밤새워 훌쩍훌쩍 우는 울음소리가 아닐까

뻐꾸기가 훌쩍훌쩍 울어서
그 옛날 보릿고개를 소환할 때면
물 한 바가지로 주린 배를 속이며
십남매를 키우셨던 부모님과

푸석한 얼굴로 초근목피하던
형매들이 새삼 마음에 들어오는 것은
추억을 먹고 사는 노인들의
봄날의 이유 없는 애상일 뿐일까

(2021.05.19.)

사치

분수에 지나친 생활이 사치라면
할 일도 오갈 곳도 없는 늙은 시인이
매일 한편의 시라도 쓰겠다고 애쓰며
스트레스 받아 괴롭다면 사치일까

자기 신분에 맞는 한도가 분수라 해도
부처님도 매일 씨 뿌리고 거둔다 했는데
매일 빈둥거리고 밥만 축내는 것만이
늙은 시인의 분수에 맞는 것일까

목표를 세우고 그것을 달성했을 때
얻는 기쁨이 진정한 행복이라면
시인이 시를 쓰려고 애쓰는 것도
행복을 찾는 과정이 아니라
분수에 넘치는 사치일까

벌레도 미물도 죽는 순간까지
나름대로 삶의 목표를 추구하는데
만물의 영장인 인간이 죽을 때까지
마냥 먹고 배설만 하는 것이 분수일까

(2021.05.04.)

오월

오월은
활기차고 탱탱한 근육에
비릿한 밤꽃 향기가 나는
청춘 남녀의 풋풋한 사랑이다

모든 수컷이 콧구멍을 벌씬거리고
암수가 가슴을 열고 서로 맞추어
신록의 초록 꿈을 이루게 하는
발정난 암컷의 궁둥이다

고목도 잎과 꽃을 피우고
천둥의 노래와 폭포의 아우성이 어우러져
만물의 새 생명을 만들고 키우는
생명의 주술사다

오월은
꽃잎마다 치마에 꽃물 들이고 춤추면
벌과 나비가 혀끝을 날름거리며
진하게 입맞춤을 주고받는
사랑의 세레나데다

(2021.05.05.)

삶의 태도

누가 인생을 무겁고 힘들다고 했는가
욕심과 집착을 버리고 베풀기만 하면
모든 것이 덧없고 걸림이 없어
한없이 가볍고 무의미하고 허상인 줄
금방 깨닫게 되는 것을

누가 인생을 새털처럼 가볍고
무의미하다고 했는가
본의 아니게 태어났지만
의미를 부여하고 만들며
살아야 하는 것이 인생이라면
끝없는 야망을 끝까지 추구하며
어떤 고난도 극복하고 인내해야하는 것을

삶에 대한 평가는 자신이 처한
상황에 대한 주관적 판단이거나 해석일 뿐
삶의 본질을 철관하고 초탈한 사람은
몇몇의 성현들 밖에 없다

누구나 성현이 될 수 없다면
떨어질 줄 알면서도 피는 꽃처럼

차라리 적당하게 욕심내고 집착하며
서로 부대끼고 갈등하며 사는 것이
오히려 바람직한 삶의 태도가 아닐는지

(2021.05.15.)

은사님 추억

은사님을 뵙는 자리는
영광스럽고 반가운 자리면서도
무조건의 긍정과 칭송이 필요하기에
언제나 입맛은 땡고추와 소태다

오늘도 당신께서는
학계의 저명인사에 대한 평가 등
고담준론을 일장 설화하셨고
술이 몇 순배 돌고난 후에는
제자들의 달라진 태도에 대한
비판과 섭섭함의 토로도 여전했다

그러나 세월이 흐를수록 예전 같지 않은
호기와 비판과 기운 빠진 듯한 모습은
머지않은 장래 제자들의 자화상을
보여주는 것 같아서 맞장구를 치면서도
오히려 안타깝고 서운함이 더했다

현역시절에는 식사나 술자리조차도
연구와 훈계와 꾸중의 연장이어서
제자들은 자기반성과 감동과
인내를 배우는 자리였던 은사님 (2021.05.02.)

이팝나무

고슬고슬한 쌀밥을 담아놓은 듯
나무를 통째로 감싸고 피어있는
이팝나무의 밥쌀같이 풍성한 꽃

배고팠던 시절에
보기만 해도 군침이 돌고 배불렀던
생일날 모처럼 받게 된
흰 쌀밥의 고봉밥을 떠올리게 한다

얼마나 배고프고 먹고 싶었으면
꽃을 보고도 쌀밥을 연상했을까
가정의 달 오월에 피는 이팝나무 꽃

배고팠던 어린 시절 이팝나무
허기진 배 물 한 바가지로 속이고
보릿고개 넘으시던 부모님의
서럽고 애달픈 한숨이었다

(2021.05.10.)

잘난 나무의 생존법

나무들은 대부분 같은 종들끼리 모여서
곳곳에 군락을 이루며 비슷한 모양으로
서로 의지하고 경쟁하며 살고 있지만
가끔은 키와 덩치가 특별히 큰 나무와
다른 종의 나무가 섞여 있는 경우도 있다

다른 나무에 비해 특별히 키가 크거나
덩치가 큰 나무는 살아남기 위해서
키 작은 나무와는 다른 특별한 처세를 한다

키와 덩치가 큰 나무는 높이 자랄수록
끝부분을 뾰족하게 하여 바람을 적게 받거나
가지를 부드럽게 해서 어떤 바람에도
맞서지 않고 바람과 같은 방향으로 굽어서
항상 바람에 순응한다

나무조차도 생존하기 위해서는
크고 높게 자랄수록 욕심을 줄이고
부드러워져서 자신을 낮추고
굽힐 줄 알아야 한다면
만물의 영장인 인간의 처세는
나무와 달라도 되는 것일까 (2021.05.26.)

친구

친구는
화장하지 않은 얼굴로 만나도
뒤축에 구멍 난 양발을 신거나
실밥이 터진 옷을 입어도
부끄럽지 않고 오히려 편안한 사람이다

문경지교 관포지교 등에서도
네가 나에게 맞추거나
내가 너에게 맞추지 않아도 되는
그런 친구는 없다고 한다

네가 나에게 맞추지 않고 배신해도
내가 너에게 맞추고 끝까지 배신하지 않아야
진정한 친구가 된다고 한다

진정한 우정은 서로 역지사지해야 하지만
대등하게 서로 주고받는 거래가 아니다
항상 내가 손해보고 더 이해하고 더 베풀고
더 양보해야 되는 무조건의 사랑이다

(2021.05.18.)

시의 세계

사람이 시를 써도
시가 사람을 쓰지 않으면
시인이 될 수 없지만
시가 사람을 쓰면 시인이 된다

시인이 시를 쓰고
시가 시인을 쓰면 유명 시인이 되고
유명 시인이 시를 쓰면
시가 특별하지 않아도 좋은 시가 된다

사람이 함부로 시를 쓰면 헛소리가 되고
시인이 장난을 치면 말장난이 되지만
유명 시인은 헛소리를 해도 무의미의 시가 되고
말장난을 하면 오히려 특별한 시가 된다

내용이 좋아서
베스트셀러가 되는 것이 아니고
유명인이 써야
베스트셀러가 되는 출판 현실처럼

(2021.04.08.)

신세계

엊그제 만산에 꽃 궁전 짓고
흰 비단 펼쳐놓더니
하룻밤 비바람 불자
눈부시던 꽃 세상은 봄꿈을 접고
연두색 신천지가 생기를 떨친다

일 년을 기다리고 모진 겨울을 넘어서
꽃핀 지 며칠 만에
생을 떨구는 봄꽃은 안타깝지만
미안하고 섭섭하게도
연두색의 신세계는
사라진 꽃 천지를 금방 잊게 만든다

해마다 반복되는 봄꽃과 연두색의 번복도
인간 삶의 굴곡과 번복처럼
꽃은 꽃대로 잎은 잎대로
피고 지는 것도
다 이유와 의미가 있겠지만
너무 짧고 어김이 없어서
오히려 안타깝고 애달프다

(2021.04.06.)

자연의 섭리

일찍 꽃피어서 사랑받는 꽃은
꽃핀 순서대로 일찍 꽃 진다

봄철에 일찍 잎이 돋은 나무도
돋은 순서대로 가을에 일찍 잎 진다

사람도 소년에 급제한 인물은
대성하기 전에 일찍 지기 쉽다

마라톤에서 초반에 선두에 나선
인물 중에 우승한 선수도 드물고

노래 경연에서 예선에 우승한 가수가
최종에 우승한 경우도 드물다

세상 모든 것은 때와 순서가 다를 뿐
운명은 공평하고 결과도 비슷하다

(2021.04.17.)

자연인

해가 뜨고 지고
날씨가 춥고 덥고에 따라서만
삶의 방식이 달라지면 자연인이다

자연 속에 있어도
밤낮과 날씨보다
요일에 더 영향을 받는다면
여전히 세속인이다

자연인은
세속에 있어도 자연 속에 있어도
언제나 평일이 주말 같고
평일이 주말처럼 행복한 사람이다

은퇴하여 귀농한지 십여 년에
생활은 언제나 주말이지만
마음이 항상 평일이라면
자연인일까 세속인일까

(2021.04.17.)

시계視界

초미세먼지 경보 내린 날
희뿌옇고 흐릿해서
아무리 눈을 닦고 봐도
앞길도 뒷길도 길마다
희미하고 흐리멍덩하기만 하다

오늘이 어제 같고 매일이 그제 같아서
답답함과 무료함만 반복되는 나날
얼룩지고 그을린 지난 시절이
오히려 좋았다고 생각된다면
길을 찾지 못한 미친 마음 탓일까

코로나의 팬데믹 속에
미세먼지가 눈앞을 가리는
오늘도 시계는 매우 나쁨이다

(2021.04.30.)

제5부

종규

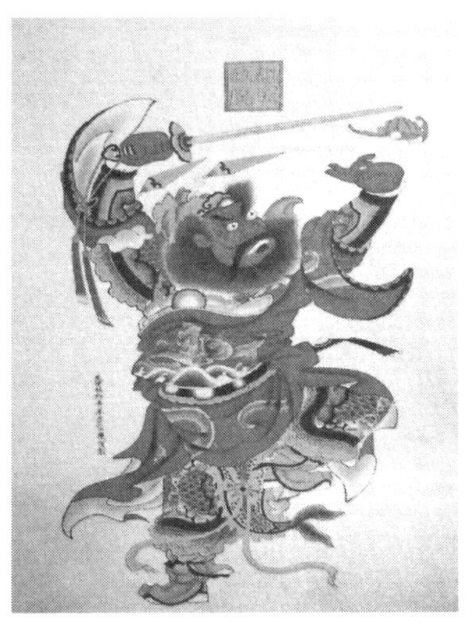

나팔꽃

한 여름 뙤약볕 아래
매미보다 높은 소리로
소리 없이 나팔 부는 나팔꽃

무슨 사연 그리 많아
죽는 날까지 불고 또 불어
목메어 하느님께 등장 가는가

아무리 소리쳐 불어도 소리가 없고
메아리조차 없는 것은
대답 없는 민중들의 하소연 같구나

밤낮으로 불어도 소리 없는 너는
노랗게 속만 타는 벙어리 나팔수
그래서 허무한 사랑의 꽃인가 보다

(2021.06.04.)

신新 고려장高麗葬

제주도의 한림공원 벤치에 앉은
초라한 모습의 늙은 모자母子

할머니가 좀 모자라는 듯한 아들에게
일인용 비행기 왕복권과 손수건에 싼
꼬깃꼬깃한 만원짜리 석장을 쥐어주며
'어서 가라 비행기 시간에 늦을라' 한다

아들이 '엄마도 같이 가자' 하지만
완강하게 아들의 손을 뿌리치며
나 때문에 너희 부부가 매일 다투는 것
다 알고 있다 어서 가서 잘 살아라

아들 덕택에 평생 처음 비행기도 타보고
해외라는 제주도 구경도 하고
맛있는 제주도 똥돼지 불고기도 먹어봤다
이제는 여한이 없다

어서 가봐라
지금부터 나는 이름도 성도 집도 모르는
치매노인이다 너도 나를 모른다고 해라
여기 있으면 나라가 요양원도 보내준단다

우는 아들을 등 떠밀어 보낸 할머니
여행경비를 마련하기 위해 팔았던
결혼 금반지 꼈던 빈 손가락 만져보며
안도의 한숨과 미소를 짓는다

공원에는 장사익의 '꽃구경'이란 노래만
한낮의 고요를 깨고 있다

(2021.06.28.)

건곤일척乾坤一擲

고래가 싸우면 건곤일척의 승부라 하고
자기들의 희생만 강요됨에도 불고하고
피라미와 새우도 환호하며 관심을 갖는다

이긴 고래는 바다를 장악하고
패배자는 죽어야 하지만
누구도 등터진 새우에 관심 두지는 않는다

어느 고래가 이기고 지든
새우는 등만 터질 뿐
고래의 승부는
피라미와는 딴 세상의 일들이다

고래 싸움에 등만 터지면서도
그들의 승부에 박수치는 새우들과
민중들은 서로 다른 존재일까

(2021.06.25.)

고슴도치 사랑

강대국의
약소국을 향한 정의와 인권은
고슴도치 사랑이다

강대국은
약소국의 정의와 인권을 위한다며
독재자를 길들이기 위해
경제 제재를 먼저 취한다

강대국이 약소국의
정의와 인권을 사랑할수록
독재자가 길들기도 전에
가난한 백성들만 조조군사가 되고
인권은 더욱 유린되고 아프다

누구를 위한 정의와 인권인지
빈대만 잡으면 된다는 듯
초가집이야 불타든 말든
생색만 내면 그만이라 한다

(2021.06.22.)

그 아비에 그 아들

일제 때는 헌병 오장으로 공을 세우고
해방 후는 경찰로 변신하여
권력자의 주구가 되어 민간인을 학살하고
정적을 암살한 공으로 특무대 대장이 된 뒤
온갖 비행을 저지르다가 부하에게 암살 되자
권력자가 그의 공을 기리는 묘비명을 썼다

첩실의 아들로 태어났으나
그 아비가 죽자 어미는 도망가고
유모의 손에 유모의 자식으로 자라나
아비의 얼굴도 기억하지 못하는 자식
그 아비가 일제에 빌붙은 민족반역자였고
독재자의 개가 되어 정적을 죽이고
민족을 학살한 죄를 알면서도

오로지 자신의 아비였다는 혈육과
높은 관직과 큰 권력을 누렸다는 이름만으로
오히려 자랑스러워하고 그리워한다면
육친에 대한 부자간의 인지상정이 아니라
정말 그 아비에 그 아들이 아니겠는가

(2021.06.15.)

날씨

기후와 날씨는
코로나19나 IT시대와도 상관없이
모든 생령의 생존을 좌우하는
양날의 칼이다

균형이 맞으면 태평 시대가 되지만
며칠만 눈비나 폭염이 계속되어도
스테빌라이저*가 고장 난 배처럼
금방 생존에 위협을 느낀다

엊그제 아침부터 사흘 동안
끊임없이 부슬부슬 내리는 비
흐릿한 시계처럼 머리도 흐릿하고
몸은 좀이 쑤시고 마음은 우울하다

태양계를 정복한다고 큰소리 쳐보지만
며칠간의 장맛비에도 사족을 못 쓰는 인간
자연을 파괴하는 건방이나 오만보다
겸손을 먼저 배우는 것이 어떠할는지

(2021.06.12.)

*배의 균형을 잡아주는 자세 안전장치.

닳은 이빨

어느 날 이빨을 닦다가 거울에 비친
절반 이상 마모된 어금니들을
우연히 보게 되었다.

장터에서 이빨의 개수나 상태로
나이를 짐작하던 소가 아니라도
내 이빨은 마모된 정도로만 보아도
적지 않게 많이 먹은
나이라는 것을 금방 알게 된다

나 자신은 아직까지 할 일도 많고
나이도 그리 많지 않다고 생각하는데
이빨은 벌써 갈 때가 다 되었다고 한다

자신이 생각하는 나이와
몸에서 말하는 생체 나이가
이렇게도 다른 것이
인생의 비극을 부르는 단초가 아닐까

(2021.06.10.)

명예名譽

인간의 오대 욕망 중의 하나이고
세상에서 훌륭하다고 인정하는
이름이나 자랑인 명예

사람들은 개인적인 욕심을 채우기 위해
높은 자리와 권력을 탐하고
희생과 봉사는 무슨 말인지도 모르면서
존경과 존중받는 명예만 얻고자 한다

명예롭기 위해서는
몸이 높을수록 마음을 낮추어야 하고
권력이 클수록 욕심을 줄여야 하며
희생하고 봉사해야 한다

위치가 높고 권력이 커도
낮추고 줄일 줄 모르고
희생하고 봉사할 줄도 모른다면
높고 크다고 소리칠수록 부끄럽고
오히려 창피한 것이 아닐까

(2021.0616)

본질과 현상

달을 가리키는데
달은 보지 않고 손가락만 본다
본질을 보지 않고 현상만 본다고
비판하는 말이다

엊그제 광주에서 시내버스가
정유소에 서 있다가
재개발을 위해 철거하던 건물이 덮쳐서
아홉 명이 죽고 여덟 명이 다쳤다

사람들은 앞쪽에 탄 여덟 명은 살고
뒤쪽에 탄 아홉 명은 죽었다며
다음부터 버스를 탈 때는 앞쪽에
앉아야겠다고 말한다

정말 앞쪽에 타서 살았고
뒤쪽에 타서 죽었을까
세상의 반복되는 어둠도 아픔도
달을 보지 않고 손가락만 보는
평가와 판단 때문은 아닐까

(2021.06.12.)

부끄러운 자랑

조부는 00지역의 최고 부자였고
일본의 대동아 전쟁 때
전투기 두 대를 상납하여
그 대가로 일왕의 훈장을 받았다

아비도 일제강점기에 판사를 역임했고
점령지를 안정시킨 공으로
일왕으로부터 훈장을 받았다

아들은 학교폭력 등의 죄를 짓고
도망 다니다가 특전사에 입대하여
월남전에 두 번 참전했다는 이유만으로
무공훈장을 받았다

대대로 훈장을 받고 훈장으로 연결된 집안
능력이 없어도 조상이 남긴 재산으로
오늘도 떵떵거리고 국가의 연금도 받는다면
자랑할수록 염치없고 부끄럽지 않을까

(2021.06.14.)

사람 되기

개가 사람 되거나
사람이 개 되기는 쉬워도
사람이 사람 되기는 어려운 세상

개를 안고 가는 멀쩡한 젊은 부부
개가 낑낑대면
아가 '여기 엄마 아빠 있다' 한다
개새끼를 낳은 아비 어미가 분명하다

여의도 일번지의 잘 난 사람들도
밤낮으로 이전투구만 한다고 하니
이들도 양두구육의 개가 아닐까?

술 먹고 전봇대에 오줌 누면 개새끼
개는 어디에 오줌을 누든 그냥 개
세상이 온통 미쳐 돌아가니 개판

사람이 스스로 개가 되니
개가 사람 되기는 쉬워도
사람이 사람 되기는 어려운 세상

(2021.06.28.)

아침 햇살

어둠을 헤치고
동녘 바다를 박차며
승천하는 해와 햇살은
언제나 가슴 벅차고 설레지만

며칠간의 장마 끝에
눅눅한 기분을 날리며
화사한 웃음과 생기를 깨우는
숲속의 아침 햇살은 더욱 특별하다

나뭇잎에 맺힌 이슬 방울을 굴리며
나무 가지 사이로 스며드는 햇살
모든 나뭇잎과 가지들이 두 팔을 벌리고
환호하고 만세를 부르며 생기를 되찾는다

하루를 깨우는 숲속의 아침 햇살은
지상의 모든 생령들에게
관세음보살의 미소이자
미륵불의 화수분이고
동방삭의 삼천갑자 행운이다

(2021.06.19.)

인간의 본성

맹자는 인간의 본성을
선하다 했지만
순자는 악하다 했다

인간은 담 너머의 싸움과
무단히 물고기의 목숨을 빼앗는 낚시와
승부가 있는 화투놀이와 운동 경기와
노래조차도 승부가 있는 경연을 좋아한다

승부는 한 쪽이 승리하면
반드시 한 쪽이 패배하여
좌절과 절망을 느끼게 되지만
관중은 승자의 편에서 대리만족을 느낀다

국가 간에도 남의 것을 빼앗지 않아도
충분히 잘 먹고 잘 살 수 있는데도
반드시 빼앗아서 더 많이 가지고
그 위에 군림하지 않으면 만족하지 못한다

토인비가 인간의 역사를
도전과 응전이라 정의했듯
침략과 약탈로 점철된 인간의 삶
결국 남의 불행을 즐기는 본성 탓이 아닐까 (2021.06.09.)

자비의 역설

인간이 어떤 종에게 베푸는 자비는
다른 종에게는 치명적 독이 될 수도 있기에
진정한 의미에서는 자비가 아닐 수 있다

자연의 큰 질서는 기후와 날씨가 세우고
생태계의 생존 질서는
약육강식의 먹이사슬이 세운다

인간이 어느 종에게 베푸는 값싼 자비심은
먹이사슬의 균형을 깨뜨려 다른 종은 물론
모든 생물의 먹이사슬을 깨뜨릴 수 있다

길고양이에게 베푸는 흔한 동정심과 먹이는
고양이의 먹이가 되는 종에게는 치명타가 되고
마침내 고양이에게도 더 큰 타격을 줄 수 있다

인간이 모든 삶을 주제하는 절대자가 아니라면
인간의 속단으로 자비로운 체 하는 것은
오히려 자연의 질서를 해치는 행위가 된다

죽고 사는 것도 자연의 질서일 뿐이니
자비는 같은 종에게나 베푸는 것이지
다른 종에게 함부로 베풀 것은 아닐 듯 (2021.06.27.)

자신과 분수

누에는 뽕잎을 먹고
송충이는 솔잎을 먹어야 한다

몸에 좋다고 송충이가 뽕잎을 먹고
향기롭다고 누에가 솔잎을 먹는다면
송충이나 누에 둘 다 살아남기 어렵다

퇴직 후 누구나 돈 벌 수 있다기에
시작한 자영업 성공한 사람 드물고
귀촌하여 텃밭이나 가꾸는 전원생활
좋다는 말만 듣고 귀촌한 사람 중
만족하는 사람 드물다

뱁새가 황새를 좇아가려고 하면
가랑이가 찢어지듯
남이 아무리 좋다 해도
남의 것이 아무리 좋게 보여도
자신의 능력과 분수에 맞지 않으면
자기에게는 좋은 것이 아니다

누에나 송충이나 사람이나
성공하기 위해서는 자신의 분수나
자기 자신을 아는 것이 먼저 아닐까? (2021.06.28.)

잘못된 목표

누구나 큰 목표를 세우고 살아야
평생 흔들리지 않고 직진하는
성공적인 삶을 산다고 한다

목표는 목적의 수단인데
목표가 목적과 배치되거나
목적의 범주를 벗어난다면
애당초부터 목표가 부당하다

천하제일이 목표였던 사나이가
목표 달성을 위해
현실에서의 사랑과 우정을 희생하고
마침내 목표를 달성했다면 행복할까

인생의 최종 목적이 행복한 삶이라면
목적을 벗어난 목표는 성공하기보다
성공할수록 불행해지는 것은 아닐까

목표는 목적을 이루기 위한 수단일 뿐
목적이 훼손된 목표의 달성은
오히려 불행을 자초하는 행위가 아닐는지

(2021.06.04.)

현충일顯忠日

짐승들은 먹기 위해 목숨을 던지고
사람은 의義를 위해 목숨을 바친다

나라를 위해 현충한 사람들
나라에 무슨 큰 은혜를 입었고
무슨 의가 그리 무거웠을까

역사를 거슬러 봐도
나라가 위기에 처했을 때마다
나라에 큰 은혜를 입은 자들일수록
너나없이 자신만의 안위를 도모했고
나라를 지키고 목숨을 바친 사람은
평소에도 핍박받던 민초가 중심이었다

현충일 아침 가슴 저린 조기를 달면서
순국선열에 대해 눈물 젖은 묵념만 할뿐
오늘도 민초 위에 군림하는 자들이
은혜만큼이라도 의를 실천하고
현충하는 그런 존재인지
의심이 되는 것은 무슨 까닭일까

(2021.06.06.)

웃자

하하하 하하하
웃자 웃자 웃자
기뻐서도 웃고
우스워서도 웃자

으흐흑 으흐흑
울자 울자 울자
슬퍼서도 울고
울어서도 울자
헛웃음이 날 때까지 울자

하하하 하하하
우스워도 웃고
슬퍼서도 웃자
눈물이 날 때까지 웃자

하하하 하하하
웃자 웃자 웃자
인생이 별거더냐
그냥 웃자
웃다보면 우스워진다

(2021.04.02.)

6.25 전쟁

권력을 향한 개인의 욕심이었을까
민족 통일을 위한 역사적 소명이었을까
누구와 무엇을 위한 욕심과 소명이든
민족의 생존과 맞바꿀 가치가 있었을까

가치가 있었다고 해도
전국토가 초토화 되고
권력자의 명령에 따라 이유도 모르고
목숨을 바쳐야 했던 수많은 민중의 비극은
무엇으로 해명 할 수 있을까

민족이니 국가니 하며 경계를 짓고
그들만의 이익을 우선하는 것도
따지고 보면 집단이기주의의 한 형태일 뿐
자기 집단의 이익을 위해 다른 집단의 이익을
침해하는 것이 무슨 말로 정당화 될 수 있을까
그것도 수많은 민중의 목숨을 희생해야 한다면

개인의 욕심도 민족의 소명도
결국 잘 살자는 것이 목적이라면
외적도 아닌 같은 민족 형제끼리

수많은 희생을 강요하는 전쟁과 침략이
이렇게 정당화 될 수 있을까

모두가 잘 살 수만 있다면
통일과 분단이 무슨 대수이겠는가
결국 권력자들의 자신의 권력 유지를 위한
명분과 수단에 불과한 것은 아니었을까

분단과 통일이란 이름으로
더 잘 살기 위해서라는 명분으로
조국과 민족의 자존심을 지킨다는 긍지로
더 이상 민중의 희생이 강요되지 않는
그런 미래가 올 수는 없는 것일까

(2021.06.25.)

어물쩍

화농의 종기는 뿌리를 뽑지 않으면
반드시 재발이란 후환을 남기듯
무슨 일이든 어려운 문제일수록
분명하게 근본을 해결하지 않고
어물쩍 넘기면 더 큰 문제를 야기한다

성수대교와 삼풍백화점은
부실공사인 줄 알면서도 한쪽 눈을 감고
어물쩍 넘겼다가 붕괴라는 참사를 맞았고
L.H공사는 부동산 투기의 조짐을 알면서도
모르는 척 적당하게 넘겼다가
공사마저 무너질 위기를 맞게 되었다

대충 적당한 것이 서로 좋다는 어물쩍은
우선은 편하고 좋지만 그 끝은 언제나
더 큰 대가를 치르게 되는 인간 행동의
모순된 두 얼굴이다

특별한 의미 없이 어물쩍 사용했던
'어처구니' '어깃장' '어쩌라고'
'어정잡이' '어물쩍'이란
어자돌림 내 시집의 제목은
이름보다 야물쩍이길 기원해 본다 (2021.04.09.)

발문跋文

예술의 본령은 미美의 추구다. 하위 영역인 문학도 당연히 마찬가지다.

다만 문학의 미美는 표현과 내용의 두 측면이 있어서 외적 미는 표현이 담당하고 내적 미는 내용이 담당한다. 또 표현과 내용은 동전의 양면 같아서 서로 뗄 수 있는 별개의 것은 아니지만 작가에 따라서는 회화성 등이 강조되는 표현에 특별한 장기를 가진 작가도 있고 표현보다는 삶의 체험이나 철관을 통한 깨달음 등의 내용이 감동을 주는 작가도 있다.

그러나 겉으로 드러난 표현이 특별하고 아름다우면 매우 다행한 일이고 쉽게 높은 평가를 받을 수 있지만 표현의 묘가 부족하면 내용이 아름답거나 감동적이라도 그만큼 높은 평가를 받기도 어렵고 받을 수도 없는 것이 현실이기도 하다.

필자는 두메산골에서 태어나 성장하다보니 감정의 분화가 남들보다 느리고 섬세하지도 못해서 60대 후반에야 겨우 등단을 했다. 등단한 뒤에도 남들처럼 감각적이고 새롭고 참신한 표현 방법을 배우고 익혀서 사용하려 해보았지만 아직도 표현의 묘를 얻지는 못했다.

그 결과 필자의 작품에 대해서는 흔히 관념시가 너무 많고 표현도 수필처럼 설명적이고 생략과 함축이 부족해서 표현의 참신성도 떨어진다고 말하기도 한다.

필자도 이러한 평가에는 스스로 그렇다고 인정하고 받아들인다.

다만 아래의 시에서처럼

*개성

소나무가 여름에 장미꽃을 피우면
더 지조 있고 멋있는 소나무가 될까

장미가 겨울에 소나무 잎을 매달면
더 사랑스럽고 아름다운 화초가 될까

소나무는 여름에 꽃이 피지 않아야
장미는 겨울에 잎이 떨어져야
각자 저다운 멋과 아름다움이 있다

시인도 남과 다른 특징이 있어야
자기 나름의 개성과 멋을 지닌
시인이 되는 것처럼

(2021.06.18.)

모든 작가가 다 표현에 장기를 가질 수도 없고 또 그럴 필요도 없다는 점에서 작가 나름의 개성적 특징을 가지는 것이 오히려 더 필요하다는 생각에 필자는 스스로 위로하고 위안을 받는다. 뿐만 아니라 아래의 시에서 말하는 것처럼

*시의 형식과 표현

문학작품은 독자의 공감과 감동을
불러일으킬 수만 있다면
어떤 형식과 표현도 허용되듯
자유시는 더욱 그렇다

시가 생략과 함축, 낯설게 하기 등
다양한 수사법과 표현 방법을 동원하는 것도
공감과 감동을 위한 수단일 뿐
형식과 표현 자체를 위한 것은 아니다

유명 시인의 유명한 시도 처음부터
기존의 형식과 표현을 모방하거나
잘 지켰기 때문이 아니라
독창적인 형식과 개성적 표현 방법을
사용했기 때문에 유명한 시가 되었다

시인 중에 남과 다른 자신의 개성적인
형식과 표현 방법이 걱정된다면

차이가 오히려 장점이라 생각하고
자기만의 개성을 키우고 발전시키는
노력이 더욱 필요한 것은 아닐까

(2021.05.29.)

시의 표현은 유행하는 시류를 추종하는 표현보다 나름대로의 개성적인 표현이 더욱 중요하고 그 개성이 오히려 작가의 독창성이 되어 작가의 특징을 잘 드러낼 수도 있다.

뿐만 아니라 우리의 전통 시가에서 불후의 명작으로 높이 평가 받는 작품은 비평가나 작가들이 고민하고 노력하는 어렵고 고상한 표현보다는 생활 속의 일상적인 언어를 적재적소에 잘 다루어 쓴 작가와 작품이다.

그리고 현대 독자들의 측면에서도 음악이나 미술은 듣기만 해도 또는 한 번 보기만 해도 아름다움을 느낄 수도 있고 그에 따라 감동할 수도 있는데 문학 장르만 유독 여러 번 읽고 깊이 생각해야 한다면 아니 깊이 생각해도 도무지 무슨 말인지 알기 어렵다면 카톡 문자도 세 줄만 넘으면 읽기 싫어한다는 현대인에게 사랑받을 가능성은 거의 전무하다 할 것이다.

그러므로 시도 음악이나 미술처럼 한 번 읽기만 해도 아름다움을 느끼고 감동을 받을 수 있도록 쉽게 쉬운 말로 쓰고 또 그 속에는 감동 받을 수 있는 내용이 들어 있어야 한다고 할 수 있겠다.

이런 측면에서 필자가 쓴 시들의 특징은 아래의 시에서

말한 바와 같다 할 것이다.

*나의 시

시작품에 대한 호불호와 잘잘못은
관점과 시각의 차이일 뿐이지만
개성은 호불호마저 뛰어넘는
장점이자 특징일 수 있다

시는 사물을 접하여 느끼는
감흥의 표현이라 했지만
나의 시는 주로 일상의 삶에서 깨달은
추상적인 관념과 판단이 중심이다

감흥은 감정이기 때문에
저절로 개인적이고 상상과 생략과
비약이 바탕을 이루게 되지만
관념은 인과관계와 논리를 통한
일반화가 필요하다

감흥과 관념의 차이로 인해
관념시는 감성시가 가진
표현상의 특징이 부족하지만
지성적인 측면이 강화된다는 점은
도리어 장점일 수도 있다

모든 시가 상상과 비약을 통해
감흥만 표현해야 되는 것이 아니라면
관념과 판단을 표현한 시도
오히려 개성적이라 할 수 있지 않을까
(2021.05.29.)

너무 늦게 등단했고 시를 쓴 기간도 일천하여 아직 자신의 작품에 자신감이 부족했던 시인이 스스로 자신의 시에 대한 긍지와 자부심을 가지려고 염치없이 스스로를 격려하려는 마음으로 자기 시에 대한 자기 변명적 설명을 덧붙여 보았다.

전문가의 평설은 지금까지 쓴 시집 5권의 출판이 끝나고 이들을 대상으로 첫 번째 시선집이 나올 때에 붙일 예정이다.

이상으로 필자 나름으로 의도하고 구상했던 작품의 양적 확대를 위한 시 쓰기를 마무리한다. 제 6집부터는 좀 더 질적 향상을 추구하는 작품을 쓰고 발표할 예정이다.

독자 제현의 넓은 이해와 사랑과 질정을 기대한다.

(2022.01.07.)

어물쩍

초판1쇄 발행 2022년 4월 15일

지 은 이 김수봉
펴 낸 이 이길안
펴 낸 곳 세종출판사

주소 부산광역시 중구 흑교로 71번길 12 (보수동2가)
전화 051-463-5898, 253-2213~5
팩스 051-248-4880
전자우편 sjpl5898@daum.net
출판등록 제02-01-96

ISBN 979-11-5979-499-5 03810

정가 10,000원